QUEMAR DESPUES DE LEER

poemas

Jessica Ciencin Henriquez

∞

Rev Publishing
New York | Los Angeles | Paris | Bogotá

∞

Rev Publishing
Nueva York | Los Ángeles | París | Bogotá
www.rev-publishing.com

Quemar Después de Leer
Copyright © 2025 por Jessica Ciencin Henriquez

Todos los derechos reservados. Ninguna parte de este libro deberá reproducirse, transmitirse ni distribuirse en ningún formato sin el permiso previo por escrito del editor, excepto en citas breves para reseñas críticas o artículos.

Impreso en Colombia

En Rev Publishing, creemos en el poder de las historias para inspirar, transformar y conectar. Al elegir comprar una edición autorizada de este libro, estás honrando el trabajo de los escritores y ayudándonos a cultivar una comunidad creativa que prospera gracias a la originalidad. Tu apoyo permite que Rev Publishing siga trayendo voces y relatos significativosalavida.

ISBN: 979-8-9915794-4-5 (tapa dura)
ISBN: 979-8-9915794-0-7 (ebook)

Número de control de la Biblioteca del Congreso: 2024927234

Encender 10

Iluminar 38

Quemar 64

Brasas 92

Cenizas 110

Nota de la Autora

Para comprender cómo nació este libro, primero necesitas entender qué tuvo que morir.

He estado escribiendo toda mi vida: primero para sobrevivir, luego para demostrar que merecía sobrevivir. Antes de que este libro fuera escrito, pasé cinco años escribiendo mis memorias, convirtiendo el dolor en 280 páginas Vertí y sangré cada palabra. Pero cinco años es mucho tiempo para que una historia permanezca estancada. Para cuando el manuscrito estuvo listo para ser publicado, yo había cambiado. Superé la narrativa de que la vida era dolor, de que el amor era injusto, de que la sanación era solo para quienes habían sufrido lo suficiente. Ya no era la mujer que lo escribió.

Entonces, decidí recuperar un ritual que, algunos años atrás, supe llevar a cabo, una ceremonia practicada en toda Sudamérica—el despacho. Esta ceremonia de fuego es una tradición milenaria para honrar las transiciones, liberarse de apegos, y dar las gracias. Es increíblemente simple, pero su impacto es profundo. Reuní una ofrenda de flores, granos, azúcar y hojas. Cada elemento lleva su propio significado: el azúcar simboliza la dulzura y el placer de la vida; las flores, la belleza y la impermanencia; los granos, la abundancia; y las hojas caidas de los árboles, como una metáfora de la intención, de no tener miedo a perder las raíces.

Empaqueté mi libro junto con las ofrendas, encendí el fósforo y cerré los ojos mientras todo comenzaba a arder.

¿Cómo explicar lo que se siente al llorar algo que nunca llegó a la vida por completo? Tal vez no tenga que hacerlo. Tal vez ya lo sabes.

Abrí los ojos y observé cómo el fuego devoraba los pétalos y mis páginas, cada una enroscándose hacia adentro, los bordes oscureciéndose y volviéndose gris, transformando lentamente la historia en ceniza. Pensé que sentiría alivio, pero, En vez de sentir alivio, como lo esperaba, sentí una oleada de pánico.

¿Qué pasaría si yo nunca más pudiera volver a escribir?
¿Qué pasaría si yo no tuviera nada más para decir?
¿Quién sería yo si yo no fuera una escritora?

Vi cómo el fuego subía y luego descansaba, apagándose lentamente. Pronto, sentí una sensación de quietud y luego la ligereza que viene con la entrega. No tenía respuestas a esas preguntas, pero estaba dispuesta a esperar y descubrirlas.

A la mañana siguiente, cuando me arrodillé sobre el fogón para limpiar las cenizas, encontré algo que, hasta el día de hoy, no puedo explicar.

Allí, enterrado bajo páginas ennegrecidas, un fragmento doblado sobrevivió, sus bordes chamuscados pero con unas pocas palabras dispersas aún visibles:

"qué   verdad   permanece"

Si no lo hubiera visto con mis propios ojos, nunca lo habría creído. Mi lógica nunca habría aceptado que el universo pudiera ser tan evidente. Pero lo vi. Y cuando lo hice, sonreí ante la absurda ironía y luego ante la audaz claridad. Para mí, ese momento fue claro, una invitación divina: sigue escribiendo, pero escribe la verdad.

Este libro en tus manos es mi promesa: hacer sólo eso.

Noah Rev—
Qué suerte tenemos
de caminar por esta tierra juntos
una y otra vez y otra vez.

.   .   .

ENCENDER

Créala

No te atrevas a decir que no sabes cómo,
que no sabes si puedes,
que no sabes si eres lo suficientemente fuerte.
Mira a tu alrededor—

¿No ves lo que tus manos han creado?
¿No ves lo que has respirado para dar vida?
¿No ves las vidas que has puesto a un lado
para comenzar ésta?

¿Cuándo aprenderás a despertar a tus ancestros?
¿Cuándo aprenderás a invocarlos por su nombre?
¿Cuándo aprenderás que sus dones divinos son tuyos para invocar?
La esencia divina ha estado presente todo este tiempo—

aún así, cuando miras a tus propios ojos,
miras más allá de ella,
viendo solo la creación,
y no a su deidad creadora.

Créala

No te atrevas a decir que no sabes cómo,
que no **sabes** si puedes,
que no sabes si eres lo suficientemente fuerte.
Mira a tu alre**de**dor.

¿No ves lo que tus manos han creado?
¿No ves lo que has respirado para dar vida?
¿No ves las vidas que has puesto a un lado
para comenzar ésta?

¿Cuándo aprenderás a despertar a **tus** ancestros?
¿Cuándo aprenderás a invocarlos por su nombre?
¿Cuándo aprenderás que sus **dones divinos** son tuyos para invocar?
La esencia de una ha estado presente todo este tiempo...

aún así, cuando miras a tus propios ojos,
miras más allá de ella,
viendo sólo la creación,
y no a su deidad creadora.

Primer Aliento

Atravesada, al revés, el cordón alrededor de su cuello—
es cortada de su madre
quien fue cortada de su madre
quien fue el corte final de la vida de su madre.

Hay violencia en cada nacimiento—
ninguna de nosotras recuerda nada.
ser arrancada de un cuerpo
y empujada hacia este.

Lo que importa aquí a menudo se olvida—
el karma, la limpieza, la redención.
Esta existencia se reinicia con un torrente de sangre,
piel morada, un jadeo, un llanto, un aliento inicial.

¿Por qué habríamos elegido esto?
¿Por qué hemos elegido esto?
¿Por qué habremos de elegir esto una y otra vez?

Llegamos a este mundo con nada
excepto los siete pecados de nuestros padres,
recostados sobre la suave piel de nuestras madres.
Bebemos vida de los vivos.

Llegamos indefensas,
criaturas desprotegidas
y, aún así, decidimos todo esto,
hasta el propio nombre.

Estamos construyendo un futuro
y nos costará nuestro pasado,
todo lo que experimentamos aquí
no durará, no puede durar.

Estas historias
que estamos escribiendo
nunca fueron pensadas
para ser la medida de nosotras

para que evitemos nacer de nalgas, para enderezarnos,
para desanudar los cordones de nuestros cuellos,
preparándonos para el próximo primer aliento.

nada

importa

ni

hasta el propio nombre

durará

Esta historia

no

es

r **e** **al**

Recordando

Si nuestras madres
nos dieran el nombre

D I O S

¿aún olvidaríamos quiénes somos?

¿O veríamos nuestras propias manos
como vemos las estrellas—
como luz no prestada
sino perteneciente a nosotras?

Si nuestros padres
nos dieran el nombre

G A I A

¿aún olvidaríamos
lo que hemos

hecho?

¿O recordaríamos
que todavía estamos tallando
esta tierra?

Pasando

Las lilas no saben
si están

a   e
  b   r
    i   e
      n d o s

o cerrándose,

si sus pétalos están

      c
     a
    y
     e
       n
        d
          o
            hacia la tierra.

No saben
quiénes son,
pero saben
que el espíritu las usa
para derramar alegría
en cada persona
que pasa junto a ellas.

Protección

En algún momento
pararemos de sostener nuestras manos
sobre las barriguitas de nuestros bebés
y confiaremos
en que lo que entregamos a la vida
seguirá viviendo sin
nuestra preocupación ni nuestra mirada
sin intentar ser guía ni decidir por ellos
cómo se debe hacer camino hacia el final

Guardemos nuestros miedos en silencio
para que nuestros hijos no se vuelvan fluidos
en un lenguaje que esperamos extinguir
dejémosles emerger
del tierno capullo de la vida
listos, y listos, y listos
para encontrar su buen refugio
en este mundo que hemos creado para ellos
en este mundo del que hemos intentado
protegerlos

pararemos

y confiaremos
en que **la vida**
te **guía**
hacia

su buen refugio

Jaula

Cuando dices jaula, pienso en costilla,
pienso en Adán, pienso en Eva.
Pienso de qué fue concebida,
hecha después del hombre
para ser su compañera, aunque su nombre predice
que había algo más por venir.

Pienso en sus hijos,
en sus nacimientos, dejando la memoria
del sufrimiento en la tierra,
marcando el fin de la inocencia.
Aunque, en cierto sentido, esa pérdida llegó
cuando Adán mordió la manzana.

Pienso en lo que siguió después
de la creación del pecado:
castigo y culpa y mentiras.
Pienso en los azotes, la penitencia y el dolor.
Pienso en lo que pudo ser, lo que pudo haber existido.
Cuando dices hombres, pienso en jaula.

Jaula

dices
que fu   i
hecha
para ser
más

déja   me

ser lo

Viniendo por Ella Misma

¿Cómo puedes pedir
más que un atardecer,
un milagro diario
que ni siquiera te molestas en presenciar?

Cada tarde llega, puntual, más hermosa que antes,
pintando pinceladas rojas en el suelo del cielo,
como las mejillas encendidas de un niño
tras jugar demasiado.

Enciende el cielo con el caos de sus tonos:
carmesí, oro, y morados como moretones,
eco del fuego de Tzigane cuando los violines pierden el control.
Pero hace tiempo que dejaste de escuchar su música.

Ella espera, y aún así, le das la espalda a sus colores,
como si existiera algo en este mundo
más digno de tu atención.
Se entrega a la tierra mientras pasa desapercibida.

Solía venir por ti, pero ahora sabe
lo que todos en algún momento aprenderemos:
no hay nadie más. Si decide volver mañana,
vendrá solo por ella misma.

Viniendo por Ella Misma

¿Cómo puedes p di
más que un atardecer,
un milagro diario
que ni siquiera te molestas en presenciar

Cada tarde llega, puntual, más hermosa que antes
pintando pinceladas rojas en el suelo del cielo,
como las mejillas encendidas de un niño
tras jugar demasiado.

Enciende el cielo con el caos de sus tonos
carmesíes y morados como moretones,
con el fuego de Tzigane cuando los violines pierden el
control.
Pero hace tiempo que dejaste de escuchar su música.

Ella espera, y aún así, le das la espalda a sus colores,
como si existiera algo en este mundo
más digno de tu atención.
Se entrega a la tierra mientras pasa desapercibida.

Solía venir por ti, pero ahora sabe
lo que todos en algún momento aprenderemos:
no hay nadie más. Si decide volver mañana,
vendrá solo por ella misma.

Su Majestad

¿Recuerdas
la primera vez que viste el mar?
No me refiero a cuando eras niña,
en manos y rodillas, cavando arena
y llevándotela a la boca sin dientes,
toda encías, risotadas y hambre,
mientras la marea lamía
los castillos de goteo que aprendíste a crear.

Me refiero a la primera vez que tus ojos
se despegaron con pureza
mientras te quedabas en silenciosa admiración
de la fuerza que contiene cada ola,
mientras ruge con calma y se extiende
hacia el cielo,
tentada a tocar algo
más grande que ella misma.

Me refiero a la primera vez que viste
cómo entrega tesoros y huesos a tus pies,
una ofrenda de dólares de arena y dientes de tiburón,
la muerte o la vida llegando en ritmo implacable.
Ninguna se va de sus costas de manera voluntaria.
Ella espera con asombro para ver
cuál elijes,
cuál valoras más.

¿Recuerdas
la primera vez que te inclinaste
ante las maneras en que se rebela?
Mientras se desborda por la orilla,
probando concreto, arrastrando árboles,
inundando edificios que nunca se reconstruirán.
¿Cómo puede una criatura ser tan tierna
y, en la misma caricia, causar destrucción?

Recuerdo la primera vez que vi el mar—
Lloré, me pregunté cómo, cómo, cómo
podríamos anhelar a algo más que esto.
La mar me llamó y me arrastró a salvo,
la sal rozando mi boca, mis labios,
curando cada herida, pero no sin quemarlas.
Me recordó lo que yo ya sabía—
No hay nada más majestuoso que la mar.

Su Majestad

Recuerda

tod   o

lo   que aprendíste

con

cada

vida

elijes

proba **r**

Coro

Todos los lunes a las 9 a.m.
me reúno con las otras diosas
más allá del huerto de naranjos.
Dejamos los zapatos en la puerta
y guardamos dentro los calcetines y los egos,
antes de encontrar nuestros lugares
en el valle de la luna.
Frente a frente,
con tazas calentando nuestras manos,
piernas extendidas, lentamente despertamos.

Las palomas circulan en el aire
con sus alas extendidas
sobre la suavidad de la alfombra verde.
Los gorriones se posan
junto al fuego, preparándose,
y preparándose, y preparándose.
Los ruiseñores aterrizan
donde sus melodías
son más necesarias.

Y con nuestras manos dirigiendo,
bajamos por nuestras gargantas
y hasta nuestros vientres,
para sacar las voces
que el mundo ha intentado callar.

Con sabiduría cantamos,
tejemos magia blanca
de vuelta en nuestros cuerpos hermosos—
cuerpos de madres,
cuerpos de amantes,
cuerpos de dadoras y creadoras,
y conquistadoras y reinas.

Nuestros salvajes, tan salvajes vientos
remodelan el silencio,
desenrollándose desde adentro de nosotras
como cintas de luz.

Contamos de cinco para arriba,
y juntas recuperamos
lo que se había perdido—
lo tomado, lo olvidado,
o lo desechado aún antes
de que supiéramos el valor exacto
de lo que sosteníamos en nuestras manos.

Esta es nuestra hora de nutrirnos,
cuando cada alma está saciada.
Nos cosemos unas a otras
lo que el mundo desgarró con sus vientos,
y renacidas, nos ponemos de pie.

Nos quitamos los calcetines
de los zapatos,
colgamos los egos
ligeramente sobre los cuellos,
y salimos volando por la puerta,
sobre el huerto—
de regreso a nuestros nidos
para reverberar este recuerdo,
este rito, esta rebelión,
durante el resto de nuestras vidas.

Sin Fallas

Nunca vi a mi madre hacer dieta,
ni purgarse, ni apretarse, ni ayunar,
nunca la vi parada
frente a un espejo,
levantando sus senos,
dejándolos caer.

Nunca la vi
empujando comida en su plato
hasta que se mezclaba
en algo que parecía
medio comido.

Nunca la vi agarrar
la carne de su barriga,
preguntando con reproche,
¿de dónde salió esto?

Nunca la vi envolverse
en ropa holgada
para esconderse de los hombres,
o apretarse en vestidos ajustados
para ser notada por ellos.

Estas son cosas
que aprendí de mujeres
que no eran mi madre.

Me enseñaron
el lenguaje para degradar
nuestros cuerpos,
en público y en privado:

Culo gordo.
Culo plano.
Gordita.
Flacucha.
Huesuda.
Pechiplana.
Caderona
Raquítica.

Despreciaba el diálogo
de estas mujeres,
apologético, como si existir
fuera un pecado.
Tragaban la culpa
por consumir más
de lo estrictamente necesario
para mantenerse vivas.

Las observaba mientras se quitaban la ropa,
dejando patrones en su piel,
hoyuelos como lunas llenas
donde estuvieron los botones,
puntadas trazadas a lo largo de sus muslos.

Temía la camaradería
que surgía de compartir
este odio social hacia sí mismas.

Ojalá tuviera tus piernas,
las mías son tan cortas.
Ojalá tuviera tu cabello,
el mío está tan seco.
Ojalá tuviera tus caderas,
las mías son tan anchas.
Ojalá, ojalá, ojalá…

Ojalá la voz de mi madre
hubiera tenido un micrófono
para ahogar el ruido
de las mujeres
que no me criaron.

Cuando el mundo
insistía en que debía verme diferente,
escuché su canción en mi cabeza,
recordándome lo hermosa que era,
no por cómo me veía
sino por Quién me hizo.
Y Ella no comete fallas.

Espacio

Te permitiré
echar un vistazo a tu vida
dentro de diez años.

Solo por un momento,
detente y mira a tu alrededor.

Mira lo que has creado.
Mira en quién te has convertido.
Mira cuánto amor existe
en   este   espacio.

ILUMINAR

Hogar

Colocaste tu mano
sobre la suavidad de mi vientre,
y acuné ese aliento
por el resto de la eternidad.

¿Cómo podía ser
Tú las grabaste indeleblemente
en otras vidas

Mi vientre, tierra antigua, muros de piedra,
nuestra historia trazada
en líneas, surcos
y las marcas de tu palma.

Pasaste medio siglo
encontrando el camino de regreso a nosotros mismos,
al lecho que una vez creaste
en mi cuerpo.

No conocía los detalles de ti entonces,
pero sabía que esa manera
de tocarme
no sucede dos veces.

Dejaste tus manos
donde pertenecía quedarse
mientras el sol se fundía
con la tierra.

Quise contarte
sobre los miedos que guardé ahí,
en ese espacio pequeño,
no más grande que la distancia
de mi muñeca a la punta de mis dedos.

Nos quedamos en silencio,
comunicándonos como lo hace el Pando,
a través de una raíz, una conversación silenciosa
bajo el suelo del bosque.

Ese fue el inicio de nosotros,
tú entendiendo
cada palabra
que nunca dicha.

Coloqué mi mano
sobre la tuya,
y dejé la otra aún
sobre mi corazón.

Así me calmé yo
sin ti.
Así avanzo
hacia ti.

Estos dos puntos de contacto
han sido mi brújula,
hasta esa tarde, hasta ti,
hasta que supe

que esta es la dirección
a la que voy
a la que vamos—hacia nuestro hogar.

Tú **grabaste**

to
dos

tus

miedos
en

cada palabra
que nunca **dicha**

y dejó la otra **aún**
sobre mi corazón.

Así me calmé **yo**
sin ti.
Así **avanzo**
hacia ti.

Corazón Abierto

Entra al jardín,
con los pies descalzos,
siéntate bajo
los árboles de pimiento,
escucha la música
que el viento toca
solo para ti.

Encuentra palabras para cantar
junto a la canción
que están componiendo juntos,
mientras la lluvia de ayer
baja por la montaña
preparada para entonar su solo.

Toma una granada madura,
deja que tus uñas rasguen
su piel carmesí.

Siente cada semilla estallar
entre tus dientes,
traga su dulzura

gota a gota.
Mira cómo el halcón vuela en círculos
bendiciéndote al posarse
en la rama a tu lado.

No te muevas.

Respira lento
este momento.
No hay otro lugar
donde necesites estar.

Nadie más
te necesita tanto
como el halcón,
y el río,
y la música,
y la montaña
necesitan tu atención.

Y ahora, dinos la verdad—
¿recuerdas
qué era lo que estaba a punto
de romperte el corazón?

Tuyo

el momento en que sales
y el sol besa tus hombros desnudos
el primer sorbo cálido de sancocho
cuando estás enfermo
la arena atrapada entre las sábanas
el bostezo que tomas prestado de alguien que amas
el color que ves antes de que llegue la vista
el sol rojo ardiente que se oculta en el mar Mediterráneo
la sensación de hundirte en tu asiento al despegar
el cielo de monzón justo antes de colapsar
el primer suspiro de oxígeno después de la caída
cuando la caída del lecho marino desaparece bajo tus pies
la caída libre sin paracaídas
avanzando hacia un destino inevitable
con una sonrisa en mi rostro
así se siente
ser tuyo

Ya Basta

¿Por qué te refugias
cuando llueve?
Ya basta. Basta.
Abandona tus paraguas,
entrega tus zapatos.
El trueno es tu
advertencia de dos minutos.
Levántate, sal—
ponte bajo el cielo
y deja que te abra los brazos.
Observa cómo
los niños juegan con ella—
girando en círculos,
ojos cerrados, brazos extendidos.

Imita esa libertad
hasta que sea tuya.
Mójate, ensúciate, déjate marear—
espera a poder ver la mejor parte,
esa parte que has olvidado.

¿Por qué no tienes prisa de salir
cuando llueve?
Levanta el rostro, abre la boca—
bebe cada gota.
Deja que el agua que nutre los árboles,
lo que limpia la tierra,
haga su trabajo en ti.

Vista

Revelando lo suave
que puede ser un hombre
antes de haber sentido
la miel
de su propia ternura
es como ese momento
en todas las películas
cuando ellos le quitan
las gafas
del rostro
a una mujer deslumbrante
como si su belleza
no fuera ya obvia
para los pocas raras
que poseen la vista.

la **ternura**
como
la
de
una mujer
e
s **rara**

¿Por Qué No?

Ya estás creciendo.
Cerraré los ojos y pronto serás un adulto.
Me doy cuenta de que ya no pides
que nos detengamos en el parque
cuando vamos de camino a casa,
cómo ahora gritas ¡mamá!
en vez de mami, espérate, mami, ¡vuelve!
cómo lo que antes llamabas citas para jugar
ahora son juntarnos para pasar el rato

Detesto, detesto, detesto
que no seamos niños al mismo tiempo.
En esta vida, tú eres el niño
y yo soy la adulta.
Mientras tú te lanzas del trampolín,
yo tengo que hablar con otros padres aburridos
sobre cuánto tarda
sacar permisos para piscinas
en las que jamás nadarán a medianoche.

Tú haces castillos de arena,
mientras yo empaco manzanas
y vuelvo a ponerte bloqueador solar.
Llegas a casa cubierto de tierra,
y te ordeno que te duches,
que te cepilles los dientes y que te vayas a la cama.
Creciste demasiado rápido, el tiempo pasó volando
y me lo perdí. Me lo pierdo.
Lo estoy perdiendo ahora mismo
mientras escribo estas palabras,
y tú estás afuera,
bajo la ventana de la cocina,
llenando globos de agua porque
todavía vives en el mundo del por qué no.

¿Por Qué No?

mi

niño

esta vida

n o s d i l o

u n

poco m a s

de **tiempo**

todavía

Como Ser Amada

Nos adentramos en el volcán.
Lodo espeso, cálido, decadente nos dio la bienvenida,
pero no mostraría piedad si nos hundiéramos.

Piel resbalosa, pechos flotantes, cabello enredado
por la tierra empapada de lluvia.

Reímos, pintándonos
rayas de guerrera en las mejillas.
Éramos como niñas.
No, éramos niñas– en puro gozo.

Qué regalo
flotar en el lodo,
elevarnos entre azufre,
mecernos en la rica masa de la tierra.

Después, con el cabello, los labios y las capas de la piel
cubiertos de arcilla que se secaba rápidamente,
caminamos hacia el río,
volviéndonos más estatuas con cada paso.

Y entonces una mujer,
de la misma edad de mi madre,
sostuvo mis manos
mientras me sumergía debajo de la superficie del río.

Con un cuenco, me enjuagó,
vaciando, llenando, vertiendo agua sobre mí,
frotando mi cuero cabelludo con el filo de sus uñas,
enhebrando mi cabello entre los anillos de sus nudillos.

Desató mi traje de baño, girando, girando,
bailando ondas a través del río,
hasta que el único residuo de la tarde
quedó fijo en mi mente.

Con una mano,
cubrió mis ojos.
Con la otra,
me acarició limpia.

En su servicio había una suavidad,
una desconocida dispuesta a lavar a otra.
Se sentía como inocencia, como bautismo.
Se sentía como ser amada.

Desarmada

Me haces el amor todo el día,
de mil maneras,
nunca supe que una persona
pudiera amar así a otra.

Con una mano
en el volante
y la otra
acariciando la nuca de mi cuello.

Cuando te detienes
para escuchar la historia que estoy contando,
para mirarme a los ojos
y llorar en los momentos justos.

Cuando preparas nuestro baño,
calientas mi té,
y cada día me demuestras
cómo veneras mi cuerpo.

Cuando apoyas tu cabeza
contra mi corazón,
invitándome a conocer
una ternura que nunca había sentido.

Cuando dormimos,
y me envuelves con tu cuerpo,
como si tus extremidades suplicaran decir:
Estoy aquí, estoy aquí, estoy aquí.

Durante gran parte de mi vida,
pensé que el amor era algo que se tomaba,
pero aquí estás tú,
dando y dando y dando.

Antes de ti, temía el tacto suave,
creyendo que me convertiría en polvo
y me dispersaría con la brisa—
así de frágil me había vuelto.

Pero aquí estoy,
completamente desarmada frente a ti.
Por favor, no dejes
de amarme de vuelta a la vida.

Cuando Ella Se Va

Me preguntas qué hice hoy,
y te digo que observé una mariposa.
"¿Eso es todo?" preguntas.
"Es mucho," respondo.

Con una leve inclinación de tu cabeza, sé
que nunca has pasado tu tiempo así—
ni minutos, ni horas,
ni tardes enteras.

Una vez una terapeuta me pidió escribir una lista
de lo que me gustaría lograr en la vida.
Me entregó un bolígrafo y una hoja, y devolví
una línea, una sola frase tocada por la verdad:

Quiero estar quieta
para que una mariposa se pose sobre mi piel.

Me miró como tú me miras ahora,
una mirada que comprende una vida de aceras llenas
y relojes impacientes, una mirada que dice:
¿Y el dinero? ¿Y el trabajo?
¿Y el legado? ¿Y las cosas que importan?

Pero no entiendo qué podría importar más
que el serio oficio de observar mariposas.
¿Qué podría complacer a una persona
más que esto?

Estar quieto y no hacer nada no es lo mismo.
La mayoría de las personas son expertas en no hacer nada.
Desperdician minutos, horas, tardes enteras
probando todos los sabores de la nada.

Construyen una identidad alrededor del vacío.
Llenan sus días con el ruido de la nada,
llamándolo vida, llamándolo amor,
llamándolo propósito.

Pero estar quieta es ser devorada por un momento,
aprender a volverte estatua
cuando estás desesperada por lograr.
La quietud es lo único que vale la pena dominar en esta vida,

y cuando lo logras,
la recompensa no está en la mariposa
posándose en tu piel,
sino en una alegría tan abrumadora
que ni siquiera notarás cuando ella se vaya.

Una Lista Continua de las Primeras Palabras de Mi Hijo Cuando Se Despierta

Hoy es mi día favorito.
El sol lleva horas despierto.
¿Crees que lloverá?
¿Se quejarán los naranjos?
Estoy deseando irme a la escuela.
¿Tengo que ir a la escuela?
¿Dónde está mi diente?
¿Dónde está mi calcetín?
¿Adónde te fuiste tú?
¿Me das papel?
Necesito hacer una lista.
¿Crees que las ardillas nos visitarán de nuevo?
¿Quién cuidará a las plantas?
¿A quién cuidan las plantas?
¿Y las ventanas, quién las limpia?

¿Qué pasa si hoy no hacemos nada?
¿Qué pasa si hoy no vamos a ningún lado?
¿Qué pasa si simplemente nos quedamos en la cama?
Tuve el sueño más loco,
pero no recuerdo de qué era.
No me acuerdo si tú estabas allí,
o si yo estaba allí.
¿Sabías que el sol brilla
aunque no puedas verlo
a través de las nubes?
Lo sé, porque he estado allá arriba.

Hoy

tú

nos
cuidará s

aunque no puedas ver
a través de las nubes

El Dolor Que Das

No puedes saber esto aún, pero tú—
Sí, tú, toda arrullos y mangas de algodón—
serás quien cause dolor en este mundo.
Parece imposible, lo sé,
que algo tan suave
pueda hacer sangrar a otro,
pero te volverás feroz.

El veneno goteará de tus labios
hacia las venas de quienes amas,
y tú, dulce alma, herirás.
Pero cuando lo hagas, recuerda:
eres mucho más que el dolor que das.
El propósito vive tras los muros del duelo,
en los rincones donde el dolor se esconde.

Sí, tu mundo ahora está lleno de celestes claros
y susurros tiernos,
y rizos delicados que aún no han sido cortados
de una cabeza que nunca ha dolido.
Cuando esta ferocidad te encuentre,
y la rabia te envuelva,
la abrazarás sin vacilar.

No puedes, no debes
reprimirla, cortarla,
o negar esta parte pulsante de ti
que los empujará hacia su plenitud.
Permítete ir hacia lo oscuro del dolor,
aún más oscuro, querida mía,
hasta que la oscuridad sea todo lo que hay.

Ellos no pueden saber esto aún, pero tú—
Sí, tú, con ojos cansados y manos curtidas—
cantarás la canción que cure al mundo.
Parece imposible, lo sé,
pero estás forjando el camino
que los guiará de vuelta
hacia la luz.

El Dolor Que Das

No puedes saber esto aún, pero tú,
sí, tú, todo arrullos y mangas de algodón,
serás quien cause dolor en este mundo.
Parece imposible, lo sé,
que algo tan suave
pueda hacer sangrar a otro,
pero te volverás feroz.

El veneno goteará de tus labios
hacia los seres de quienes amas,
y tu, dulce alma, herirás.
Pero cuando lo hagas, recuerda:
eres mucho más que el dolor que das.
El propósito vive tras los muros del dolor,
en los rincones donde el dolor se esconde.

Sí, tu mundo ahora está lleno de celestes **la**zos
y susurros tiernos,
y rizos delicados que aún no han sido cortados
de una cabeza que nunca ha dolido.
Cuando esta ferocidad te encuentre,
y la rabia te envuelva,
la abrazarás sin vacilar.

oscuridad la que

canta la canción

de
la luz.

QUEMAR

Parte de Ti

Esta es la iniciación de la tristeza.
Cuando ves a tu madre
como algo separado de ti,
ya no otra extremidad, sino la verdad.
Ella es una sombra de tí,
alejándose poco a poco.

Todas tus células, formadas
a partir de las suyas, se han dividido.
Tu universo se expande mientras
tu entendimiento se encoge.
Hasta hoy, todo
nuestra existencia ha sido una extensión
que nos ata a nuestra madre

Pero ahora ves
a tu madre irse,
respirando lejos de ti.
Se convierte en algo que no eres tú,
completamente otra, y tú ya no eres parte de ella.

Ella es una nueva criatura
que se alimenta, sangra y siente,
mientras tú te conviertes en testigo
de esta trágica transición.
Si solo fuera ella—
pero dondequiera que mires,
esta realización te sigue.

Si tu madre es tu madre,
entonces esa flor es una flor.
Esa nube, una nube.
Ese caballo, un caballo.
Ese sol, un sol.
Ese río, un río.

Tú lo eres todo
y lo tuyo es ahora un mundo
donde todo está aislado,
entidades separadas, separación por todas partes.

Pero mira más de cerca,
hasta encontrar la verdad.
La flor es el sol,
el río es el caballo,
tu madre es la nube.
Recuerda eso cuando te pregunten:
¿quién eres tú?

Esta es la verdad **de** **nuestra existencia** **tú** **eres**

    una flor
    una nube
    un caballo
    un sol
    un río.

Tú lo eres todo

Recuerda eso

Hacia la Perfección

Algunas días, tú eres la arena
y yo soy la piedra agujereada
que estás puliendo en busca de la perfección.

Las encontramos en tu playa,
esa a la que íbamos para pelearnos,
esa donde nos reconectábamos,
para tomarnos las manos,
durante todo el camino de ida,
durante todo el camino de vuelta.

Suele decirse que estas piedras se mantienen ocultas,
que ellas nos dicen cuándo están listas para ser vistas;
y en ese instante, te buscan.
Están destinadas a alejar brujas,
enfermedades y lo inevitable—

Tú llevas tu piedra colgada al cuello
sostenida por un hilo grueso.
Yo coloco la mía en mi escritorio junto al florero
con flores frescas del pequeño puesto
escondido en la vereda de nuestro camino serpenteante.

Otras veces yo soy la arena
y tú eres la piedra agujereada
que estoy puliendo en busca de la perfección.

Hacia la Perfección

Algúna día tú
y yo

nos reconecta mos
para

decir
nos

lo inevitable—

lo

nuestro

es la perfección.

Tú Ya Eres

Te pregunto cómo fue tu infancia,
y en cambio me hablas del dolor,
arrastrado como un cadáver
durante veinte, treinta, cuarenta años.

Así es como suele pasar:
empiezas desde el principio,
rascando marcas en las paredes
para contar los defectos de tus padres.
Catalogas sus fallos en orden alfabético:
abusivos, beligerantes, catastróficamente deprimidos.

Te observo mientras omites
lo que han sacrificado,
obligados a sobrevivir,
cómo, aunque mucho no querían vivir, te dieron la vida
y, de alguna manera, te mantuvieron vivo.
Borras todo su dolor al escribir el tuyo,
porque nadie quiere leer ese lado de su historia.
Un monstruo solo puede seguir siendo un monstruo
si nunca lo sacan a la luz.

Te pregunto si tienes cicatrices,
pero me hablas de evidencia,
que insistes, guardas como irrefutable prueba,
sin darte cuenta de que esos hechos se han convertido
en un relicario que cuelga de tu cuello.
El sufrimiento es tu herencia,
la única conexión que te queda con ellos.

Te pregunto si has pensado en perdonarlos
y en cambio me hablas de si se lo merecen.
Subrayas su hostilidad,
su ignorancia, su juicio.
En las historias que eliges contar
y las que decides ignorar.
Leo entre las líneas que en tu alma te niegas a enterrarlos.

Creo que sigues necesitando su amor.
Me juras que jamás serás como ellos,
sin darte cuenta de lo mucho
que tú ya lo eres.

Tú Ya Eres

Te pregunto cómo fue tu infancia,
y en cambio me hablas del dolor,
arrastrado como un cadáver
durante veinte, treinta, cuarenta años.

Así es como suele pasar:
empiezas desde el principio,
rascando marcas en las paredes
para contar los defectos de **tus padres**.
Catalogas sus fallos en orden alfabético:
abusivos, beligerantes, catastróficamente deprimidos.

Te observo mientras omites
lo que **han sacrificado**
obligados a sobrevivir,
cómo, aunque **mucho** no querían vivo, te dieron la vida
y, de alguna manera, te mantuvieron vivo.
Borras todo su dolor al escribir el tuyo,
porque nadie quiere leer ese lado de su historia.
Un monstruo sólo puede seguir siendo un monstruo
si nunca lo sacas a la luz.

perdóna

los

Gracia

Yo no seré cruel contigo.
No porque merezcas
mi bondad, mi ternura, mi gracia,
sino porque simplemente cruzaste mi camino.

El sol no elige a quién le da calor
ni a quién le niega su cálido abrazo.
Si te interpones en el camino de la luz,
igual te iluminará.

Gracia

Yo no **seré** cruel contigo.
No porque merezcas
mi bondad, mi ternura, mi gracia,
sino porque simplemente cruzaste mi camino.

El sol no elige a quién le da calor
ni a quién le niega su cálido abrazo.
Si te interpones en el camino de la **luz**,
igual te iluminará.

Menos Que Un Pecado

Atrapé una rata en una trampa pegajosa,
escondida bajo el capó de mi coche.
Algo horrible de hacer, lo sé—
y, sin embargo, aún,
no lo peor que he hecho.

Lo culpo al sonido
que venía de detrás del tablero:
pequeñas garras sobre los cables,
él trepando por el motor,
hurgando nuevos caminos,
corriendo desenfrenado a lo largo de los cables,
roendo los cinturones de seguridad,
anidando en el hueco de la rueda de repuesto.

No quería que muriera,
solo quería que se fuera.
que no me viera como su verdugo.
Supe cuando lo vi
lo equivocada que estaba—
convulsionando, agitada,
impura en su puro pánico.
Esperé mientras agonizaba,
sentada en silencio, y a su lado,
así no estaba solo
pero me vio

Cuando finalmente dejó de luchar,
no pude recordar
por qué había sido tan reacia
a su existencia.
Lo coloqué allí sobre la grava,
porque no quería tocar la muerte.
Y porque tenía curiosidad por ver
qué sucedería
cuando la muerte lo tocara.

Primero llegaron las moscas,
y luego llegaron las larvas,
mientras las hormigas se apresuraban
a formar una línea gruesa y manchada.
Lo picaban en un caos ordenado,
durante días continuó así—
tirando de su pelo,
excavando los ojos y oídos,
desapareciéndolo de adentro hacia afuera.

La colonia comía y comía,
trayendo mordeduras de vuelta
a su hogar en los árboles huecos.

Cada día salía
a ver cómo su cuerpo se hinchaba,
se desinflaba y aplanaba.
Las hormigas se superaban a sí mismas
hasta que lo único que quedó fueron
huesos secos y pelaje enmarañado
y una mancha marrón
donde había estado la mantequilla de maní.

Lo que la naturaleza hizo—
no fue una maldad
Pero yo fui cruel:
con un truco, con una trampa,
ya sea pegajosa o de atracción, o de shock.
Lo atraí a un lugar, y lo puse
donde sabía que no sobreviviría,
usando algo que sabía que le gustaba.
Mi engaño
no es menos que un pecado.

Menos Que Un Pecado

Atrapé una rata en una trampa pegajosa,
escondida bajo el capó de mi coche.
Algo horrible de hacer, lo sé—
y, sin embargo, aún,
no es lo peor que he hecho.

Lo culpo al sonido,
que venía de detrás del tablero,
pequeñas garras sobre los cables.
Él trepando por el motor,
hurgando nuevos caminos,
corriendo desenfrenado a lo largo de los cables,
royendo los cinturones de seguridad,
anidando en el hueco
de la rueda de repuesto.

No quería que muriera
solo quería que se fuera
que no me viera como su verdugo.
Supe cuando lo vi
lo equivocada que estaba
con disimulando, aguada,
impura en su puro pánico.
Esperé mientras agonizaba,
sentada él silencio, y a su lado,
así no estaba solo
pero me vio

Cuando finalmente dejó de luchar,
no pude recordar
por qué había sido tan roñosa
a su existencia.
Lo coloqué allí sobre la grava,
porque no quería tocar la muerte.
Y porque tenía curiosidad por ver
qué sucedería
cuando la muerte lo tocara.

y

lo

hizo—
fue

una trampa
p a ra
l o s

d o s

Traiciones en Órbita

Me preguntaste
...cuántas veces
debo
perdonarte
y yo dije
...cuántas veces
debo
disculparme

Sanación

Mi dolor
no se siente
como dolor
en tus manos,
se siente como
los primeros síntomas
de mi curación.

Antes

Sé lo que le pasó a mi cuerpo
aquella noche en que apagaste mi memoria.

Los huesos están marcados a fuego
por todo lo que la mente pudo enterrar.

Lo supe cuando desperté,
mi mejilla tibia sobre el cemento frío,
cenizas de cigarrillo en el lavamanos,
tinta de Sharpie en la pared del baño.

Lo supe cuando giré la llave para prender el auto,
las manos temblorosas,
las ventanas abiertas,
yo llorando mientras cruzaba semáforos en rojo,
sin frenar, sin detenerme.

Lo supe cuando me quité el vestido
que dijiste que te gustaba,
antes de que me compraras la bebida
que dijiste que me gustaría.

Lo supe cuando me hundí
en la bañera y sentí—
el ardor de donde habías estado,
sin mi consentimiento,
sin mi conciencia.

¿Qué se siente
robar una casa cuando nadie la habita?
¿Qué se siente
abrir algo que no antes fue abierto?
¿Qué se siente
al dejar huellas sin miedo?

Sabías que nunca te atraparían
porque la policía nunca sería llamada.
Tú quedarías libre mientras yo me negaría a aceptar
lo que le pasó a mi cuerpo
aquella noche en que apagaste mi memoria.

Cuando sumergí mi cabeza bajo el agua
y grité como lo hacen los que se ahogan,
supe que debía crear
un recuerdo falso.

Con la oscuridad como testigo,
creé una mentira para sobrevivir a la verdad—
llené los vacíos, reescribiendo
la vida que te llevaste contigo.

Esa noche,
fui al bar.
Bailé.
Tomé una bebida.
Regresé a casa.
Las cerraduras seguían puestas.
Nada fuera de lugar.
Todo exactamente como lo había dejado.

Y aún así, la sombra de ti
me consumió.
Y cuando el hombre que me amaba
me tocó,
le recordé, y le recordé,
y le recordé a mi piel
que no te recordamos.

Siempre supe
que te desenterraría
en el instante cuando estuviera lista—
pero ni un momento antes.

Tan Cerca

Bajamos a un lugar
donde nadie podía escucharnos gritar.
Quisimos que nuestras gargantas abrieran el cielo,
inestabilizaran la tierra,
sacudieran las piedras de su sitio.

Así suena
liberar el aliento contenido,
la esperanza contenida, el dolor contenido—
gutural, rugiente, hambriento.

Un grito como este invita lágrimas,
algo se abre,
algo despierta,
algo revive desde la infancia,
ese anhelo por un consuelo tan lejano
que ninguna métrica puede medir la distancia.

Has estado dándonos cada vez menos
de ti durante bastante tiempo,
y yo he estado mintiéndonos—
pretendiendo que puedo sobrevivir con tan poco.
Caminas delante de mí y veo
que algo entre nosotros se ha roto y
nunca hemos reparado algo tan frágil.

Te detuviste, oliendo
el aire impregnado de podredumbre,
dimos vueltas hasta encontrarla allí,
bajo la sombra de un álamo,
el vientre hinchado, el pelo apelmazado,
moscas colonizando sus cuencas.

Nos cubrimos la boca y la estudiamos,
esa gran bestia salvaje que parecía
simplemente descansar
en su lugar favorito,
su espalda casualmente recibiendo los rayos del sol.

Una vez vimos un rebaño de ellas
alimentándose en los acantilados de Big Sur.
Dijiste: "Míralas,
no saben la suerte que tienen,
estas vacas tienen la mejor vista del mundo."
Estábamos tan cerca entonces.

Inventamos la historia
de cómo murió de sed,
su cuerpo secándose desde adentro,
a solo medio kilómetro de un arroyo
cuya agua corría salvaje.
"Estaba tan cerca," dijiste,
tomando mi mano en la tuya.

Juntos, volvimos a subir al lugar
donde nadie podía escucharnos gritar.
Vimos como el cielo se cerraba,
la tierra hacerse firme,
y vimos como las piedras volvían a su lugar.

Deja de Huir

Esa tijereta **no** es un escorpión;
Ese tiburón peregrino **no** es un gran tiburón blanco;
Ese helecho **no** es helecho común;
Ese oso negro **no** es un oso grizzly;
Ese lince **no** es un puma.

Esa zarza de moras **no** es roble venenoso;
Ese redback **no** es una viuda negra;
Esa culebra de pradera **no** es una víbora cascabel;
Esa galleta de mar **no** es un erizo;
Esa mosca flotadora **no** es una avispa.

Ese arándano **no** es una solanácea;
Esa raya **no** es una mantarraya;
Esa golondrina **no** es un murciélago;
Y el perdón **no** es debilidad.

Estas son cosas que aprenderás
cuando pares de huir.

Halcones

No confundas
la escritura de los pájaros
con la ignorancia,
como si yo no me hubiera dado cuenta
en qué se ha convertido nuestro mundo.
Es precisamente por lo que nuestro mundo
se ha convertido
que, con mis ojos abiertos
miro hacia el cielo.

BRASAS

Ven

Tú
sin amor
por mí
eres como una casa
con las luces
apagadas
vacía
abandonada
un aviso de desalojo amarilleando
en la puerta principal
ventanas tapiadas
con bordes de madera
ennegreciéndose
hierba crecida
zarzamoras
una vez despojadas
ahora se inclinan
ante los parches de césped
quemado, el sicomoro
entregado
al sol.

Yo
sin amor
por ti
conduzco
fuera de mi camino
hacia nuestro pasado
cada casa
que no fue nuestra
se yergue desafiante
aún irradiando
vida.
Desacelero
en la señal de pare
bajo la ventana
y arrojo semillas de flores silvestres
incapaz de aceptar
en lo que nos hemos transformado.

Gracias, Cinco.

A veces parece
que todos estamos actuando sobre el escenario de la vida,
¿y no es así?
El público
y los actores, a la vez.

Tú, en el centro del escenario,
interpretas a la víctima.
Tú, con la mandíbula fuerte,
eres el villano.

Te arrastras hacia un lado,
pretendiendo estar ocupado, insoportablemente ocupado,
moviendo, moviendo, arreglando nada.
Y tú, siéntate ahí y posa para lucir bien.

El resto caminen detrás de las bambalinas
hasta que los llamemos
No salgas del personaje.
No le des la espalda al público.
No murmures.
Proyecta tu voz, que llegue al balcón.

Exagéralo—
dame urgencia,
dame éxtasis,
dame tensión.

Ahora suplícale;
te está dejando
nunca regresará.

Llora, maldita sea, llora lágrimas reales.
Perfecto, ahora golpéala,
hazlo en serio,
pero no dejes marcas.

Necesitamos más sangre.
Necesitamos más emoción.
Necesitamos más tiempo.

Hazlo crudo.
Hazlo identificable,
hazlo original.

No improvises,
sigue el guión.
Ahí, sí, sí, lo logras.
Ellos te creen—
Tú te lo crees.

Apenas un Parecido

Intentarás encontrarme
en el cuerpo
de cada otra mujer
que tocas.

Intentarás buscarme
en sus palabras,
pero encontrarás todo
escrito al revés.

Intentarás moldearla
al contorno que dejé tras de mí,
pero descubrirás que no basta
para llenar la sábana
de mi fantasma.

No la castigues.
No enfríes el aire
cuando apartes tu calor.
No la desgastes con tu anhelo.

Déjala ser
el comienzo
de una historia diferente
con un final más breve.

Nuestro libro, ahora en cenizas,
descansará en una urna
en el cuarto al que nunca
ella obtendrá su llave.

Intenta amarla,
pero no la hagas sufrir
por su único
y verdadero pecado—

el atractivo que trae
y la repulsión que provoca,
que no soy yo,
apenas un parecido.

Tu Propio Aliento

Deja de buscar
más allá de tu piel
las respuestas a las preguntas
que permanecen dentro de ti.

No hay mapa,
ni guía ni receta,
que revele las verdades
que guardas con cuidado entre tus costillas.

Sería como preguntarle
a un oso sobre el invierno.
Te hablaría solo de calidez,
y soledad,
y un vientre lleno encogiéndose lentamente.

¿Qué sabe un hibernador
del frío beso de la nieve,
desde su guarida acogedora,
hundido y elevado
en la tierra del letargo?

Sería como preguntarle
a un pingüino sobre el invierno,
solo para escuchar
del calor de un grupo,
el consuelo de la comunidad,
la sensación de una frágil concha de mar
bajo sus pies.

Sería como preguntarle
a un flamenco sobre el invierno,
te hablaría de cielos teñidos por el sol
volando hacia tierras donde le esperan lagos
con un festín de camarones y algas
donde las aguas nunca se congelan
y las plumas permanecen vibrantes
hasta la primavera.

No hay nadie,
sin importar su experiencia,
que pueda guiarte mejor
que tu propio aliento—

Confía en la brújula
con la que naciste,
enterrada profundamente en tu pecho,
esperando y esperando y esperando
ser abierta.

Solo Una Respuesta

Mi hijo en hebra preguntas devastadoras
para mí justo antes de dormir.

"Si un tren viniera y tuvieras que elegir
salvarme a mí o salvar a Papá,
¿a quién elegirías—"

—A ti.

Sus ojos, casi blancos;
Su boca, toda una O;
Su madre, de repente,
una asesina.

"Si la casa estuviera en llamas y tuvieras que elegir
salvarme a mí o a nuestro cachorro,
¿a quién elegirías—"

—A ti.

"Si el bote se estuviera hundiendo y tuvieras que elegir
entre mí y el presidente,
¿a quién elegirías—"

—A ti.

"Si el avión estuviera cayendo, y tuvieras que elegir,
entre mí y Aya,
¿a quién elegirías—"

—A ti.

"Si un meteoro estuviera viniendo y tuvieras que elegir,
entre mí y todos los demás en el mundo,
¿a quién elegirías—"

—A ti.

"Si solo uno de nosotros pudiera sobrevivir y tuvieras que elegir,
entre mí y tú,
¿a quién elegirías—"

—A ti.

La respuesta nunca será
otra cosa que a ti.
La palabra nunca saldrá
de mi boca menos cierta,
menos inmediata, menos inquebrantable.

Esto es todo lo que la maternidad te da—
una respuesta, a cada pregunta impensable.

Dádivas

Practico adoración en la iglesia de Flora,
me postro sobre las rodillas en
en bancas de hierba
mientras rezo a los girasoles.

Arranco pétalos,
recitando su sabiduría en versos:
pide, recibe, pide, recibe.

Planto semillas como práctica de gratitud,
mi canasta se llena de gratitude gracias.
El frangipani y el jazmín se entregan
cayendo al suelo, aún fragantes.

Y a mi vida traigo estos regalos:
sus aromas, sus sentimientos, sus verdades.
He visto demasiada belleza en nuestro mundo
como para creer que todo es sombra estéril.

He visto belleza bordeando las aceras,
floreciendo en campos interminables,
extendiéndose sobre líneas rígidas destinadas a dividirnos,
brotando de las rocas, extendiendo venas de supervivencia.

Un mundo sin flores no es
un mundo en el que desee existir.
Quémame en un lecho de caléndulas,
rumbo al cielo con dádivas.

Cómo Desperdiciar una Vida

Aférrate a lo que duele;
agárrate a las decepciones como percebes
que decoran piedras arrastradas por la marea.
Que ninguna mano, por más gentil,
te arranque de tu roca de furia
porque sin ella,
te ahogarías en la satisfacción.

Sigue cada traición hacia las profundidades,
agárrala por la cola,
y deja que te arrastre al fondo del océano,
arrancando el aliento de tu ser.

Niega el perdón, acapáralo
como lo hace el pulpo
con los tesoros que roba sin propósito
Recoge tus agravios como vidrios marinos,
creyendo que su peso podría llegar a anclarte.

Rechaza cualquier bálsamo de bondad,
como si tu salvación residiera
no en el soltar,
sino en el agarrar implacable
de lo que no puedes
no quieres
liberar.

Fluye Hacia Adelante

El pasado es un ladrón,
y tú, voluntariamente,
vacías tus bolsillos para él.
Toma mi risa, toma mi calma, toma mi paz.

Ruegas, con las manos levantadas,
antes de desabrochar, desatar, descargar
todo lo que has atesorado
en sus codiciosas manos.

Te quedas sin salmos,
solo sombras, resentimientos rancios.
Nada cambiará lo que ha ocurrido aquí,
y aun así, entregas años de tu vida.

Al anzuelo de reescribir:
¿Qué tal si lo hubiera hecho?
¿Qué tal si lo hubiéramos hecho?
No te convenzas de que algo cambiaría.

La naturaleza no hace estas cosas—
ella no se aferra.
La tierra consume
lo que ha caído.

Incluso los pájaros saben
hacer nidos solo por una temporada.
Ellos entienden lo que tú aún no comprendes:
Hay gentileza en el dejar ir.

Ninguna criatura permanece
en este río de esperanza, salvo tú.
Con desafío, construyes un bote
y flotas tan lejos como donde te lleve la corriente.

La naturaleza permanece indiferente ante la pérdida,
mientras tu fijación te cuesta todo.
Mira el agua; ella te enseñará
cómo fluir hacia adelante.

Orbitando Despedidas

Le pregunté
... ¿cuántas veces
me dejarás ir?
y él me respondió
... ¿cuántas veces
volverás a mí?

Ella No Borra

Dicen que el duelo es amor sin rumbo,
pero yo sé mucho más de éso.

El duelo es amor que perdió su camino—
amor con destino, pero sin mapa.

El duelo es amor sentado a tus pies,
esperando ser recogido, y llevado a casa.

El duelo es amor que vuelve sin tocar el timbre en la puerta,
pidiendo escuchar una vez más que lo que tuvimos y fuimos, fue real.

Es nuestro, y nada puede quitárnoslo—
ni siquiera el desvío o la distracción del dolor.

El duelo no es una puerta cerrándose de golpe,
sino el clic de un cerrojo al abrirse.

El duelo es el amor dibujando, el amor cantando,
el amor reclamando su lugar.

Pero hay algo que el duelo nunca hará—
ella no borra.

CENIZAS

Tu Herencia

Las manos de tu abuela olían a Comet,
a chicle, a los billetes que estiraba
para convertirlos en pan, en un techo,
en el murmullo de tres niños dormidos.
Aprendió pronto: el amor es trabajo.
Y el trabajo no tiene fin.

Cruzó un océano por esto,
dejó atrás su piano,
se encogió lo suficiente
para pasar por fronteras,
para convertirse en algo nuevo
y, aun así, seguir siendo lo mismo.

Las mujeres cuya sangre
corre por tus venas
construyeron sus vidas
en ausencia.

Los hombres se disolvieron en mitos:
demasiado lejanos para alcanzar,
demasiado frágiles para sostener.
Y entonces ellas se convirtieron
en sus propias salvadoras,
se rompieron por dentro
para abrir espacio a la supervivencia.

Y aquí estás,
su canción aún viva
en tus oídos,
sus cargas cantando
como un himno antiguo:
el peso del sacrificio,
el temor a dar demasiado,
la culpa de no dar lo suficiente,
nunca es suficiente.

¿Cómo honras su carga
sin seguir cargándola?

Tomas el dolor de sus manos
y lo siembras en la tierra.
Lo riegas con perdón,
y lo ves florecer en una abundancia
que jamás soñaron tocar.

Dices,
Te veo. te veo.
Y por ti,
elijo permanecer suave,
sostener el amor como el agua,
y confiar en que no se derramará.

Tomas sus historias
y reescribes el final.
Esta es tu herencia:
no la herida, sino
las palabras que llegaron para sanar.

Si Me Amarás, Lo Sabrías

Solía creer
que si me amaras
sabrías como es
el contorno de mi dolor,
y al saberlo,
guiarías tus manos lejos
de esos lugares que tracé
con tanto detalle para que no los tocaras.
Aquí, aquí, y sobre todo aquí,
para no despertar
a los pequeños fantasmas que han hecho sus camas
en las curvas de mis cicatrices.
Pero ahí estás,
rozando tu pulgar
sobre cada herida que existió antes de ti.

Si Me Amarás, Lo Sabrías

Solía creer
que si me amaras
sabrías cómo es
el contorno de un **dolor**
y al saberlo,
guiarías tus manos lejos
de esos lugares que tracé
con tanto detalle para que no los tocaras.
Aquí, aquí, y sobre todo aquí,
para no despertar
a los pequeños fantasmas que han hecho sus caras
en las curvas de mis cicatrices.
Pero ahí estás,
rozando tu pulgar
sobre cada herida que existió antes de ti.

Rezar

Antes de inclinarte
ante el llamado de la muerte,
rezo para que seas testigo, con asombro,
mientras tus planos se hacen vida.

Rezo para que estudies la tierra plana
tu imaginación— qué belleza podría florecerallí.
Imagina una familia, aún no formada,
dejando huellas en el tiempo.

Rezo para que prestes atención al avance de cada día,
y esperar pacientemente a que la luna se traga al sol
sobre la lenta construcción de una casa
la mas lenta construcción de un hogar.

Rezo para que aprendas a rezar
los sonidos de esta sinfonía,
un coro de obreros esperando mientras retroceden las grúas,
el contrabajo retumbando el sonido de las piedras cayendo
sobre otras piedras.

Rezo para que siembres solo lo que recogerás,
que construyas una casa en el árbol para tus niños
y mis nietos, y para que recuerdes que incluso tú
anhelarás un espacio para compartir secretos.

Rezo para que pases semanas eligiendo
cerraduras para las puertas
pero años aprendiendo
cómo mantenerlas abiertas.

Rezo para que aceptes
el tiempo interminable que toma decidir
sobre luces, manijas
y tonalidades idénticas de beige, piedra y arena.

Rezo para que sepas
que la decisión de casarte conmigo
bajo el roble, en primavera,
solo tomó un instante.

Rezo para que valores
la creación de lo que has construido.
Tanta luz entrando,
tanta luz saliendo.

Rezo para que te inclines
ante la vida
que estas paredes atestiguan.

tu imaginación—

 espera pacientemente a que

aprendas a rezar

Rezo para que aceptes
el tiempo interminable que toma decidir
sobre luces, manijas
y tonalidades idénticas de beige, piedra y arena.

Rezo para que sepas
que la decisión de casarte conmigo
bajo el roble, en primavera,
solo tomó un instante.

Rezo para que valores
la creación de lo que has construido.
Tanta luz entrando,
tanta luz saliendo.

Rezo para que te inclines
ante la vida
que estas paredes atestiguan.

Te Lo Estás Perdiendo

Estás tan atormentado como los caquis,
buscando todo el otoño
para madurar de verde a ámbar y chispa.

Finalmente serás arrancado de tu descanso entre las ramas,
pero siempre demasiado amargo
para ser mordido.

Te convertirás en alimento para el ave,
y el ave será alimento para el zorro,
y el zorro será la presa del lince que corre con prisa.

Siempre esperas lo menos ordinario,
y, a través de la neblina de la impaciencia,
sin dejar que tus ojos se posen en lo extraordinario que
ya llega.

Te quedaste dentro de tu habitación
cuando eras niño, por horas, por días,
a través del eterno goteo del grifo de la infancia.

Solo guardaste la compañía atrapada en esa hermosa
cabeza tuya,
cuyas cicatrices trazaré con las yemas de mis dedos
cuando un día te afeite hasta la piel.

Siempre has vivido en un reino interminable de
posibilidades
y porque tanto es posible,
sigues buscando, negándote a aceptar lo que es.

Nos dejas preguntándonos a dónde vas
cuando cierras los ojos y te permites
flotar más allá de donde estamos.

Y ese lugar lejano es donde te has quedado
atrás de este tiempo mientras te seguía gritando:
Te lo estás perdiendo,
te lo estás perdiendo,
te lo estás perdiendo.

Te Lo Estás Perdiendo

Estás tan atormentado como los caquis,
buscando todo **el** otoño
para iluminar de verde a ámbar y chispa.

Finalmente serás arrancado de tu descanso entre los ramas,
pero siempre demasiado amar**g**o
para ser mordido.

Te convertirás en alimento para el ave,
y el ave será alimento para el zorro,
y el zorro será la presa del linces que corre con prisa.

Siempre esperas lo menos **o**rdinario,
y a través de la neblina de la impaciencia,
sin dejar que tus ojos se posen **en lo** extra**ordinario** que
ya llega.

Te quedaste dentro de tu habitación
citando a tus niño, por horas, por días,
a través del eterno juego del grito de la infancia.

120

Solo guardaste la compañía atrapada en esa hermosa
cabeza tuya,
cuyas cicatrices trazaré con las venas de mis dedos
cuando un día te afeite hasta la piel.

Siempre has vivido en un reino interminable de
posibilidades
y porque tanto es posible,
sigues buscando, negándote a aceptar lo que es.

Nos dejas preguntándonos a dónde vas
cuando cierras los ojos y te permites
flotar más allá de donde estamos.

Y ese lugar lejano es donde te has quedado
atrás de este tiempo mientras te seguía gritando:
Te lo estás perdiendo,
te lo estás perdiendo,
te lo estás perdiendo.

Mi Amor

Te ruego–
por favor
no te pierdas
en la historia
que escribes
sobre tu vida.

Tu pasado es un libro
que puede cerrarse,
colocar de nuevo en la bibioteca.

Deja los horrores,
los giros inesperados,
el caos
donde deben quedarse.

Vuelve a la cama
a mi lado–
descansa tu pierna sobre la mía,
bajo las cobijas donde todo
todavía sigue vivo,
aún no escrito
en éstas páginas.

Nuestro

Me pediste que escribiera tu elogio
mientras estábamos vivos.
Me pareció extraño pedirle,
ni a una amiga ni amante ni esposa,
alabanzas póstumas.

¿Qué fui para ti en aquellos días
cuando presenciábamos el amanecer y el atardecer desde la cama,
adorándonos el uno al otro,
trazando mapas del tesoro
con los dedos y los labios,
nuestras lenguas probando el sudor, humedeciendo costillas,
tú guiando el ritmo con caderas apretadas—
¿Qué soy para ti ahora, mi amor?

Quizá esto fue otra de tus pruebas,
para ver si te veía como te veías a ti mismo.
Quizá fue una prueba para ver si te veía en absoluto.
Una vez te pregunté, '¿Quién en este mundo realmente te conoce?'
Me nombraste justo después de tu madre.
Qué aterrador ser conocido
solo por las mujeres que temes perder desesperadamente.
¿Quién te conocerá cuando nos hayamos ido?

En tu funeral, dirán:
'Conocerlo era amarlo.'
Pero esa frase en la quemadura de la verdad—
solo después de que te fuiste
vi claramente
el mosaico de contradicciones
que te componían.

Serás recordado con alabanzas.
Con lágrimas, dirán
qué hermoso padre fue,
qué hombre generoso,
qué brillantez, qué genio,
qué coraje y convicción—
y no estarían equivocados.

Si fueras una pintura, y lo fuiste—
en amarte, vi el Recto,
al perderte, vi el Verso.
Y así, escribiré sobre el impasto bien oculto de ti,
las muchas capas de tu piel.

Fuiste tanto el fuego como la quemadura,
supe que tu amor podía calentar o abrasar.
Contaré cómo amaste
como un acantilado desgastado por la tormenta—
la vista inimaginable, la caída inevitable.

Fui testigo de tu magia el tiempo suficiente
para escapar de su hechizo.
Con una sola frase, podías convencerme
de que era capaz de volar sobre lo imposible,
y con tu siguiente aliento,
me convertías en nada,
una hoja en blanco, una persona vacía,
indigna de fe, de lealtad, de perdón.

Te amé aunque
estableciste estándares imposibles
para ti y para mí, dejándonos
sin otra opción más que sentir que siempre,
siempre fallábamos, caíamos, nos rompíamos.

Te amé, aunque
fuiste un maestro despiadado,
toda la ternura colocada como ladrillos,
aparentemente sólidos, pero que podían desmoronarse tan rápido
con solo una mirada de decepción,
una mirada que llegué a conocer bien.

Te amé, aunque
ganaste mi lealtad
sosteniéndome con tanta suavidad inquebrantable
antes de reprenderme con tu tono inconfundible:
'La vida nunca estuvo destinada a ser una cuna.'
La vulnerabilidad era el lujo supremo,
una de las pocas cosas que no podías permitirte.

Perderte fue sentir la ausencia de un techo
en una habitación arrasada por el viento implacable.
El primer día sin ti, caminé por la ciudad,
encogiéndome de hombros, desapareciendo,
estremeciéndome al darme cuenta
de que ya no me protegerías.

Te has ido y el mundo
se extiende ante mí,
preguntando, '¿Qué haremos
con todo este amor detenido?'

Nuestros recuerdos son el bálsamo
y la carga, y no
me atrevo a negarles espacio y gracia
para vivir junto a mí,
calentando tu mitad de la cama,
recordándome lo que fuimos,
lo que hemos sido el uno para el otro.

Me pediste que escribiera tu elogio,
así que aquí está, mi amor:
Fuiste la tormenta y la calma,
la lección y la recompensa.
El ataúd no sabe
cuántos cuerpos se hunden con él,
así que mis huesos descansarán allí,
contigo, eternamente esperanzados,
al lado de los tuyos.

No Solo Ahora Sino Siempre

Tú estás aquí,
y eres en lo más profundo de mí,
inolvidado.
Una canción en repetición, su coro
apretando mi garganta.
Un poema que escribí
en la palma de mi mano
para que nunca me dejara.

Pero lo harás.
Y cuando lo hagas,
te observaré
encontrarte a ti mismo
una y otra vez,
en tantas formas como la vida te permita
desenterrar los tesoros
y los huesos que enterramos.

No me lamentes
y yo no te lamentaré a ti.
Deja que la vida haga eco de los recuerdos
del dibujo que una vez hiciste
que colgué en la pared de nuestro hogar,
las palabras iluminada por el caleidoscopio de la ventana:
La felicidad ocurre cuando la luz te toca.

N o Ah

Tú

eres

l a

canción

que escribí

para

encontrar

mi

luz

Guardar Entre las Páginas

Mi abuelo se está muriendo,
y afuera del hospital, un hombre vende mangos
con limón y sal. Mi tía y yo compartimos uno;
nos gusta lo amargo.
Ella camina bajo la sombra de un guayacán,
y pequeñas flores blancas caen sobre su cabello.
Le digo, *espera, no te muevas,*
queremos que se queden.

Mi abuelo se está muriendo,
y todos los días venimos a despedirnos.
Solo podemos visitarlo de dos en dos—
estas son las reglas de las últimas horas.
Así que lamemos la sal de nuestros dedos, nos registramos,
y esperamos
en los bancos de la capilla fuera de su habitación.
Los rosarios cuelgan junto a las velas
que no nos dejan encenderlas.

Mi abuelo se está muriendo,
y su pecho jadea
mientras la máquina a su lado canta
su constante canción: aún vivo, aún vivo, aún vivo.
Mi tía se cubre la cara con sus manos y llora
en su palma, pideiendo perdón, ofreciendo perdón
mientras sus pequeñas flores blancas caen sobre sus sábanas.

Mi abuelo se está muriendo,
y sostengo su mano con las mías.
No creo que alguna vez haya sentido mis dedos
rozando los suyos, no desde
que era niña y él me guiaba
por la iglesia, sentándome en la primera fila
reservada para los hijos del pastor.
¿Por qué hacemos, durante la muerte,
las cosas que nos negamos a hacer en vida?
Suavizar, susurrar, pedir disculpas.

Mi abuelo se está muriendo,
y mi madre camina de un lado a otro en el corredor,
rezando por un milagro,
pero no hay súplica que retrase la muerte,
ninguna manera de convencerla de que se salteé esta alma,
que pase a la siguiente casa.
Pero si la hubiera,
sonaría algo como,
por favorpor favorpor favorpor favor.

Mi abuelo se está muriendo,
y muriendo y muriendo,
y poco a poco nos damos cuenta
de que este milagro ya ha venido y se ha ido,
el milagro que él vivió,
el milagro de que cualquiera de nosotros
llegue a vivirlo todo.

Mi abuelo se ha ido,
y cuando nos lo dicen,
nos abrazamos y lloramos
de tristeza y alivio.
Nadie conoce el peso de la esperanza
hasta que se ha hundido en tus huesos—
implacable, mordiendo, cavando.

Mi abuelo se ha ido,
y nadie me pidió que entrara,
pero mi madre ha entrado,
y mi tía ha entrado,
y me están enseñando
cómo perder a un padre,
una lección que no quiero aprender.

Mi abuelo se ha ido,
y el doctor nos guía a través de un laberinto
hacia el sótano oculto del hospital,
donde van los cuerpos.
Me quedo a sus pies, su vientre hinchado
no me deja verle el rostro, pero imagino
la mirada de alguien viendo la verdad,
todavía grabada en sus mejillas.

Mi abuelo se ha ido,
y mientras suavemente le colocan una etiqueta
alrededor del tobillo,
pienso en cuando nació mi hijo,
cómo guardé esa etiqueta
cuando salimos del hospital
en un álbum de bebé
entre mechones de cabello y su huella impresa en tinta—
qué rápido pasa todo esto.
Los observo mientras cierran la cremallera del lienzo negro
y lo levantan de una cama a otra.

Mi abuelo se ha ido,
y nunca he estado tan cerca del final,
tocando la muerte antes de que fuera desinfectada.
Mi madre, mis tías, mi abuela,
caminamos junto a la camilla,
saliendo detrás del hospital donde una furgoneta blanca espera,
con sus puertas ya abiertas como dándole la bienvenida
para atravesar las puertas del cielo.

Mi abuelo se ha ido,
y vemos a dos hombres cargar su cuerpo,
cerrar las puertas y golpear dos veces la ventana.
La furgoneta desaparece en el tráfico,
detrás de taxis, motos y chivas.

Lo despedimos como a todos los otros abuelos que se fueron,
padres ausentespadres que nunca lo fueron,
hombres sin hogar, y hombres santos.
Quiero llevarme un pedazo de él
pero no queda nada.

Así que alcanzo una rama baja y tomo
un puñado de florecillas para guardar entre las páginas.

Mi abuelo se ha ido,
y los automuses se llenan de gente
que viene a honrarlo, enterrarlo,
decirle adiós.

Lloramos y reímos, cantamos, nos besamos,
enviamos globos blancos al cielo
y arrojamos rosas rojas a la misma tierra
que un día ensanchará sus tablas del suelo
para invitarnos a todos a unirnos con él

Este pensamiento se posa sobre mi hombro
trinando, a la vez recuerdo y alivio.

Llevándote

Tienes siete años, ojos abiertos,
aliento de fresa y menta,
en pijamas de franela con pies.
Y preguntas:

¿Va a doler, Mamá?
¿Va a doler
cuando la muerte venga
a llevarme?

Nunca te he mentido,
y me niego a empezar ahora
en este momento,
en esta cama,
con tu cabeza confiada contra
mi corazón—

Sí, te digo, con suavidad.
Sí, va a doler.
Será un dolor insoportable,
un corte que nunca sana,
una herida que palpita para siempre.

Sí, mi amor, va a doler...
para cada persona
que quede aquí
para llorarte.

Pero tú,
mi pequeño rey,
tú no sentirás dolor—
tú estarás volando.

El cielo se abrirá
y se suavizará de medianoche
al vasto resplandor de la mañana,
listo para recibirte
con los gorriones
y los estorninos,
llevándote a tu verdadero hogar.

Rendición

Vimos un colibrí muerto
en mi cumpleaños.
Yacía en el suelo, quieto y sereno,
rodeado de amentos.

Era como si el sauce
hubiera presenciado esta pérdida
e hiciera lo poco que podía
para enterrarla con honor.

Esa noche, mientras me quedaba dormida
con tu dulce aliento en mi cuello,
le pregunté a la vida:
¿Qué podemos soltar?

Y entonces vi cómo mi agarre
se aflojaba de cada cosa
que pensé que nunca
podría rendir.

Vimos

a

d

i

o

s

en **cada cosa**

Quemar Después de Leer

La naturaleza, después del fuego, es desafiante:
ningún desastre ocurrido
puede nunca definirla.
Ella es tu recordatorio:
después de que las flores son engullidas
en llamas neón,
y después de que el humo se disipa,
bajo los restos carbonizados,
en las brasas, ella aún respira.

Su tierra, convertida en ceniza,
se dispersa con el viento,
su historia de destrucción llegando
y llegando y llegando
a aquellos que nunca conocerá.
En la mañana, ella comienza de nuevo.
Ella reta a cualquiera que pase cerca,

no con rudeza, no fría, no negando:
Mírame crecer.
Mírame florecer.
Mírame arder más brillante
que nunca antes.

Quemar **Después** de Leer

La naturaleza, después **del fuego**, es desafiante;
ningún desastre ocurrido
puede nunca deshirla.
Ella es tu recordato**lo**;
después de **que** las flores son engullidas
en llamas neón,
y después de **que** el humo se d**i**sip**a**
bajo los r**es**tos carbonizados,
en las brasas, e**la** aún respira.

Su tierra, con**v**ertida en ceniza,
se dispersa con **el** viento,
su historia de dest**r**ucción llegando
y llegando y llegan**d**o
a aquellos que nunc**a** conocerá.
En la mañana, ella comienza **d**e nuevo.

Ella reta a cualquiera que pase cerca,
no con rudeza, no fría, no negando.
Mírame crecer.
Mírame florecer.
Mírame arder más brillante
que nunca antes.

141

AGRADECIMIENTOS

A ti, lector, gracias por ofrecer tu energía, tiempo y atención a mis palabras. Estas son las cosas más valiosas que intentamos ofrecer y estoy honrada de compartir esta obra contigo.

Este libro es una carta de amor a la vida. Cada uno de estos poemas fue tejido con los hilos de las historias que he vivido, las voces de aquellos a quienes amé, y de cada uno de ustedes que me dio fuerza cuando no podía encontrar la mía.

A mis maestros, editores y colegas escritores, muchos de los cuales comenzaron como mentores y se convirtieron en mucho más, gracias por dejarme señales en este camino:

Hilton Als, Margot Jefferson, Ben Taylor, Leslie Jamison, Alice Quinn, Rob Spillman, Dan Jones, Reema Zaman, Rivka Galchen, Kate Medina, Mary Bergstrom, Tim Kreider, Elaine Welteroth, Lis Harris, Patricia O'Toole, Arianna Huffington, Margaret Riley King, Elizabeth Gilbert, Adrien LeBlanc, Kate Coyne, Cheryl Strayed, Darin Strauss, Joél Leon, Dani Shapiro, Jess Walter, Ann Patchett, Anne Lamott y Mary Karr: un millón de gracias.

Y a la fallecida Mary Oliver, cuyo apoyo silencioso resonó más fuerte que cualquier ruido... no conocería la poesía como la conozco si no me hubieras invitado a vivir en ella.

A las mujeres con las que he trabajado a lo largo de los años: gracias por confiarme sus historias y por invitarme a editar sus palabras, sabiendo que no dejaría huellas marcadas. Nada de esto se compara con la alegría que siento al verlas brillar. Sigan escribiendo.

A Mary Jonitis, quien dijo en nuestra primera conversación: "Tienes que escribir poesía. Intenta dar una voz a los que no tienen voz, y no me refiero solo a las personas..." Esa llamada lo cambió todo.

A Zulma, Naomi, Ali y Adela: cuando estuve lista para sanar, ustedes tomaron mi mano y me me ayudaron a encontrar la llave para abrir la puerta. Siempre estaré agradecida con cada una de ustedes.

A Fabrice Penot, mon amour, sans toi, ce livre n'existerait pas. Muchos de estos poemas nacieron de nuestra historia, una historia que no se podría haber escrito de otra forma. Siempre tendré "una cosa más" que decirte.

A mis almas gemelas: Logan Ford, Nate Timmerman, Clark Henriquez. Hemos sido constantes en la vida del otro, amándonos a través de cada versión de nosotros mismos y permitiéndonos desprendernos de los velos que hemos superado. Su amistad es uno de los mayores regalos de la vida, y tengo la suerte de caminar este camino con ustedes tres. Gracias por siempre mantenerme con los pies en la tierra, que no es una tarea fácil.

Ahora, rumbo al helicóptero dorado.

A mi familia Henriquez, Perea, Ordoñez: ustedes son una parte muy importante de quién soy. Gracias por abrirme sus corazones y sus casas, y por recibirme con amor cada vez que volví para sanar. A mi abuelito Carlos, gracias por regalarme tus ojos y tu amor por el arté. A mi abuelita Beatriz, Mama Lita, eres la mujer más fuerte que conozco. Gracias por amarme todos los días de esta vida y de las muchas vidas anteriores. Te adoro.

A mi padre y a mis hermanos: gracias por enseñarme sobre el tipo de amor silencioso—el tipo de cariño que calienta el auto antes de ir al colegio, que dice: "Te ves hermosa" cuando no me siento hermosa, y que conduce 3,000 millas conmigo para que no tenga que hacerlo sola. Los amo.

A mi madre, Elizabeth. Mi primer salón de clases fue nuestra mesa de la cocina. Gracias por enseñarme a leer y a escribir, incluso cuando tu corazón estaba roto. Eres la alegría encarnada, y un testamento al poder del amor incondicional. Gracias por tu amistad, tu apoyo, y por leer cada uno de estos poemas mientras se iban creando, cantando sus alabanzas incluso si no rimaban. Soy quien soy gracias a ti.

Y a Noah Rev—mi pequeño rey. Gracias por elegirme para ser tu mamá en esta vida. Eres la criatura más increíble que he conocido, por tu bondad, tu humor, tu paciencia y tu profundidad. Me siento tan honrada de verte crecer y convertirte en el hombre que estás destinado a ser. Sé que no debería decir esto donde otras personas puedan escucharlo, pero bebé, tú eres mi mejor amigo. Gracias por permitirme compartir estos fragmentos de nuestra vida con el mundo. El resto permanecerá no escrito, sagrado, guardado bajo llave en nuestra pequeña caja fuerte. Ahora, ¿qué soñaremos esta noche?

Y a ti, lector, que te has encontrado con este libro, quiero que sepas que crear esta colección ha sido una absoluta alegría. Me desperté cada mañana corriendo hacia la página, ansiosa por capturar estas bellas instantáneas que la naturaleza me regaló, lista para compartir las palabras que el espíritu me habló—sin miedo, sin dudas y sin preocuparme por lo que viene después.

Jessica Ciencin Henriquez es escritora, editora y profesora colombiana-estadounidense. Sus ensayos han sido publicados en The New York Times, Vogue, Self, Time, Marie Claire y Oprah, entre otros. Tiene una maestría en Escritura Creativa con especialización en Traducción Literaria de la Universidad de Columbia. Vive en California con su hijo.

∞

Fundada en 2024, somos una boutique editorial literaria comprometida con amplificar voces originales e historias transformadoras. Nuestra lista cuidadosamente curada incluye poesía, memorias y ficción que rompen límites y desafían las tradiciones.